SHEFQET SULMINA

SIÇ MË THE TI

Poezi

Titulli: SIÇ MË THE TI
Autori: SHEFQET SULMINA

Redaktor: Astrit BISHQEMI & Drita LUSHI
Korrektor: Kujtim AGALLIU
Ballina: Arben BEJKO
Arti Grafik: Jonida Gjoka

©Shefqet Sulmina, 2013
e-mail: shefqetsulmina@libero.it

Të gjitha të drejtat për ribotimin e këtij libri i përkasin autori

———————— SIÇ MË THE TI ————————

NJË PJEKURI DINJITOZE

Takimi im i ri, pas shumë vitesh, me poezinë e shefqetit, nuk e di pse zgjoi tek unë dy dyshime të çuditshme.

Së pari, mendimi që ky njeri shumë i talentuar që dëshmoi qysh në vargjet e para se nuk po hynte rastesisht në poezi, a ishte po aq i sinqertë, i ngrohtë dhe fgurativisht si në vargjet e para, apo mërgimi i gjatë e i lodhshëm e kishte tjetërsuar dhe larguar nga shtrati i tij poetik!?

Së dyti, mendimin që a kishte ndikuar stërmundimi i refugjatit në mbylljen e hapësirës poetike, mbylljen në vetevete dhe në pllakosjen vajtimtare të fatit të trembur, siç po ndodh shpesh me bashkëvuajtësit e tij që kanë rënë e vazhdojnë të bien në pellgun e lotëve dhe të shpresave të vrara.

    Me këto dyshime nisa dhe mbarova së lexuari librin e ri poetik" siç më the ti" që u dha një zgjidhje të mrekullueshme dyshimeve të mia, që më pëlqen aq sa thuhet, që nuk kishte nevojë të hiqje asgjë, madje as të rregulloje ndonjë varg, sepse shkurt ishte dëshmitari më i saktë, më bindës i një pjekurie dinjitoze.

Shefqeti jo vetëm nuk ka humbur asgjë nga shtrati i tij poetik, lubi e përjetshme e shpresave dhe ëndrrave njerëzore, por ka ditur ta çojë përpara poezinë e tij, ta fusë nëpër labirintet e panjohura të botës së sotme dhe të tregojë se ai dhe shokët e tij nuk kanë ardhur si lypës, por si njerëz krenarë, të fitojnë gjithçka me djersën e ballit dhe

_____ SIÇ MË THE TI _____

ti japin leksione dashurie e dinjitet
botës së çoroditur.
Ky është lajtmotivi i librit, kështu ai do
ti këndojë, duke iu drejtuar të parëve
dhe të sotmëve "siç më the ti" për të
treguar fuqinë tonë morale, shpirtërore
dhe poetike.
    Poezia e shefqetit, si gjithmonë
nuk e ka pranuar dhe nuk e pranon
sovranitetin dhe rreptësinë e prangave
metrike, por ajo është gjithmonë e qartë,
e bukur dhe e gjetur në çastin e duhur
për t'u vendosur në vendin që i takon.
    Spikat si përherë dashuria e
shenjtë për fjalën, kujdesi dhe respekti
për të. Nuk është armik i fjalëve të
huaja, port nuk e ngre nga nga vendi
që ta përzërë kurrë një fjalë shqipe të
bukur me një fjalë të të huaj, kjo më e
bukura e dheut.
    Dhimbja njerëzore, e dalë nga një
shpirt bujar, nuk krijon kurrë
dëshpërim e fanatizëm, por

përkundrazi, duke ruajtur urtësinë e butësinë, synon të zgjojë dashuri të reja, shpresa të reja dhe të lartësojë dinjitetin e një njeriu krenar.

    Asgjë. Shefqeti ka mbetur poet që i këndon lumturisë dhe filozofisë në gjuhën shqipe, duke qënë talent dhe poetik i veçantë.

    Për vlerat e librit mund të shkruaj pa fund, por ajo që është kryesorja është fakti që ky libër në kohën tonë të trazuar, është një arritje e re, e mrekullueshme, që dëshmon se poezia e vërtetë rron dhe nuk do të vdesë kurrë pa i plotësuar të gjitha detyrat e saj të shenjta.
Shefqeti me këtë libër dëshmon se është në ballë të kësaj lufte.

MUSA VYSHKA
Tiranë, maj, 2013

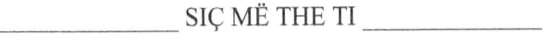

_____ SIÇ MË THE TI _____

Atdheu

Fytyrën kam përpara syrit tënd
Dhe dua t'i kreh flokët.
Mos m'i mbyll sytë!
Mos, deti im!...
Ndryshe më humb shëmbëllimi,
Sa s'gjej dot veten
Dhe rroj nëpër të tjerë...

Ky është qielli

(në kujtim të babait tim Xhemalit)

Ky është qielli që na merr një ditë
Me erë dhe me shi nga lulet dhe toka;
Nga deti i të qenit, nga e qeshura ndriçuese
E ftohte dhimbja, e errët nata e qetësisë.
Hapësira zvogëlohet bashke me njeriun.
Zmadhohet me dëshirën për të prekur yjet.
Nuk ka perëndim midis tokës dhe diellit
Në rrënjë e në gjethe që brofin plot etje,
Në nervat e detit që thyen shkëmbinjtë.

Në rërë dhe në rrënjë konsumohet njeriu.
Imazhi i tij rishfaqet në dritën e mëngjesit
Dhe rritet me ditën, me gjërat përreth,
Duke marrë fytyrën e tyre, sytë, erën
Objekteve dhe fjalëve e prek serish.

_____ SIÇ MË THE TI _____

Siç më the ti

Të kërkova në raftet e librave ku më fshiheshe,
Brodha gjithë vjeshtën nëpër rrugica
Titujt e tyre plot pluhur ngrinin supet.
Ngrinin supet qiparisat e vjetër,
Ndërsa në treg shiteshin këpucë për fëmijën
Nëntë vjeçare me sy bojë arre të thyer.

Pi cigare si ty dhe fjollat e tymit bëjnë gjeratore
Në episkaje gishtash të zverdhur.
S'është më markata e vjetër dhe lustraxhiu
Në skaj të saj ka vdekur. Njerëzit prapë
Me këpucë të lustruara dhe syze të zezë.

Prapë komshiu i dehur i bërtiti gruas dhe ditës së verës
Dhe del prapë tek 1 Maji për punë, i shkreti
Dhe po rritën fëmijët e tij që ti i le të vegjël
Dhe ata po kërkojnë si babai i tyre punë.
Po rriten, ja ashtu, po rriten herë me sy e herë me punë.
Kur të vijë pranvera blirët do të çelin,

Po unë do të të pyesja, nëse të ka marrë malli për kumritë?
Do që të të puthemi prapë para universitetit duke qeshur?
Mos e lag më fustanin në ujin e Shkumbinit
Dhe mos pi cigare
Të djegësh Krastën time dhe Kashtën e Kumtrit.

Ku je ti, ndërsa muzgu dhe Bukaniku
Shkundin çibukun e dimrit në ulluqe.
Nesër është e diel dhe pranverë me ditë të gjatë
Për mimozat dhe festen e gruas.
Unë kam mimoza në duar.

Ti do të dalësh në krye të rrugicës?
Nuk do të të leh më si qen si dikur dhe, sigurisht,
Nuk do të bëhem lepur që ty s'të pëlqen,
As gjel deti që ti të ma presësh kokën për dimër.
Unë kam mimoza në duar.

Unë e ndërtova shtëpinë, që ti më flisje dikur, Me dritare të gjëra dhe ballkone të mëdhenj Vura tavolinë, dy karrige, filxhanët e kafesë dhe kafenë,
Ose portokaj të shtrydhur...
Njësoj sikur dhe ti të ishe me praninë tënde të arsyeshme.

Ja, ashtu e bëra siç më the ti, çdo ditë e nga një gur,
Dhe mbolla lule ashtu siç më the ti, çdo ditë një lule

SIÇ MË THE TI

Dhe i ujisë ashtu siç më the ti, çdo ditë në mbrëmje.
Bëra vresht me rrush për verë, sikurse ti e di, për ne
Dhe vura pëllumba të bardhë, siç më the, për paqe.

Dhe në portën e jashtme vura butonin e ziles,
Ashtu siç më the ti, në lartësinë që duhet,
Shkrova emrin tënd dhe, siç më the ti, edhe timin
Pastaj stampova numrin, po derën prapë e lë hapur
Nga padurimi se ti vërtetë mund të vish, siç më the,
A ndoshta nga frika se ti do humbësh duke ardhur.

Se bie një borë

Se bie një borë e bardhë e gëzuar,
Të dua,
Prandaj të dua.
Një borë e pastër e menduar...
Të dua,
Prandaj të dua.
Një borë e bardhë,
E çiltër,
Fëmijë e rritur kjo borë,
Krejt e lajthitur kjo borë,
Krejt e trazuar si ty kjo borë.
Kjo borë dhe ti?
Më ka hutuar!
Më ka lumturuar.

_____ SIÇ MË THE TI _____

Kush qan

Kush qan mbi barin e shkelur?
Kush qan?
Nuk besoj se janë sorkadhet dhe yjet.
Kush qan?
Hëna që tretet mbi flokët e tu?
Apo kjo kërmillore kohë,
Duke të pritur ty.
Kur do të shoh në sy?

Sheqerkë e bukur

Të më duash sheqerkë e bukur,
Te më duash, por ta dish,
Se sheqeri nuk vihet veç në zemër,
Sheqerkë e bukur, ti rreze dhe dritë.

Vëre sheqerin, sheqerka ime,
Në fjalë, në gji dhe në buzë,
Se sa herë do të më duash të tëputh,
Më duhen tre gjëra që ty të puth.

Kështu sheqerka ime pak nga të gjitha,
Pakë nga të gjitha i mendova një ditë.
Pakë nga të gjitha mendova dhe luftërat,
Pak nga marrëzitë dhe dashuritë.

SIÇ MË THE TI

Ti je enërgjia

Ti je magjia.
Jo gjithçka e gjelbër është pjelle e tokës.
Ti je energjia.
Ti je magjia.

Jo gjithçka e gjelbër është pjelle e tokës.
Ti je fytyra diellore...

Ti je pamja dhe fëmija e re,
Krejt e pastër, me miliona pyetje
Rreth kësaj bote...

Ti je frymëmarrje e miqësore
Çelës që hap dashuri,
Rrugë dhe ëndrra te reja.

Mjaft që të thuash ku je,
Mjaft mos të zemërohesh,
Mjaft që të thuash çfarë ke,
Mjaft që të kuptosh sa po të kërkoj,
Ne këtë botë pa mure
Pa pragje dyersh të vjetër.
Ti je energjia e re!

Mjerë unë

Nuk erdha të dashurohesha me ty,
Jam i dashuruar dhe ndofta aq shumë,
Sa nuk e di pse ty të rri në kokë mendimi,
Të ma thuash e të ma thuash pa fund.

Unë jam i lumtur që të pashë të lumtur,
Siç jam dhe unë i lumtur dhe krejt i qetë,
Me fëmijët dhe me gruan time të bukur
E me ndonjë gotë vere në tryezë për qejf.

Nuk erdha të dashurohesha me ty, moj e mirë,
Mjerë unë, po të të kisha sjellë dhe lule...
As çadër nuk pata, por ti të jesh e sigurt,
Se shiun nuk do ta lija të të prekte mbi supe.

Nuk erdha të dashurohesha me ty, moj e bukur,
Që si simfoni erë nga pas po më shkund.
Mjerë unë po të të kisha sjellë dhe lule
E për ndonjë puthje të mendoja..., mjerë unë.

_____ SIÇ MË THE TI _____

Më dridhet dora ta mendojë

Po te kapa...
Do ta këput atë trëndafilin e kuq te buzëve.
E ke kot qe fshihesh.
Do bëhem breshër i bardhe dhe do te qëlloj,
Nuk me intereson ku do te qëlloj!
Më dridhet dora ta bëjë,
Ne gushën e bardhë apo në gjoks.
Më dridhet dora ta mendojë,
Ose ne shpirt...
Pastaj do te këndoj
Të gjithë himnet për pranverën
Dhe pse me trishton kështu kot.
Prapë do te te gjej ku je fshehur
Nen çarçafët e gjelbër te pranverës dhe ne rrugët
Ku bëj sikur nuk të njoh.
As te kam parë dhe as të kam puthur,
Bëj sikur nuk të njoh.
Po tëkapa
Më dridhët zemra ta mendoj.

Zgjatma dorën

Unë, ti dhe kjo muzikë,
Ky shteg me gurë të brejtur;
Hapat e tu dhe kjo muzikë,
Me gjeth dhe bar të gjelbër.

Kujdes, në përrua mos më biesh,
Në gurrë si borë t'më tretesh.
T'më bësh që pas dhe unë të vi,
A të rri në vend të çmendëm.

Kokën ngrije, mos shih poshtë!
Mos shkopsitesh prej fustanit,
Se pastaj s'ta kam unë fajin
Po shkopsitura jot' e xhanit...

Zgjatma dorën të të shoh,
Sa peshon një dorë gruaje?
Zgjatma dorën të të krisë,
Ku buron e bëhesh përrua?

Kokën ngrije, mos shih poshtë
Mos shkopsitesh prej fustanit.
Se pastaj s'ta kam unë fajin,
Po e qeshura e fustanit...

SIÇ MË THE TI

Mos më prit më

Mos më prit më në shtegun që të prita,
Mos më prit më atje me sytë e tu.
Me sytë e tu që më çmendnin,
Kur prapë të sjellë ndërmend tutje-t'hu!

Mos më prit më në shtegun që të gjeja,
Mos më kërko më atje në një shtjellë reje,
Nuk e kupton se i tretur për ty u treta,
Kot që më kërkon më në një krahë blete.

Kot që më kërkon me shkop nëpër fletë,
Tani jam i fjetur, të më zgjosh është zor.
Po mos i gërmo më forcë të gjitha fletët,
Se mes barit dhe fletëve prapë do të më zgjosh.

Eh, sa të prita në shtegun që do të vije,
Eh, sa kohë deri sa më shkop të më gjesh,
Tani shpejto nëpër fletë të këtyre librave,
Se duhet të kem mbetur në ndonjë fletë.

Në park

Unë, ti dhe një stol,
Më tej një stol dhe një plak.
Të lutem, lëri lirikat e Skënder Rusit,
Eja të të puth prapë.

Unë, ti, që puthemi,
Një stol më tutje dhe zhurmë,
Lëre Fatos Arapin, të lutëm,
Se jam unë që të dua më shumë.

Lëre Xhevahir Spahiun,
Hajde nga të tria...
Ka dyer, dritare, çati ...ka shtëpia
Dritare për puthjet e mia.

Lëre Bardhyl London,
Një urë dhe dy brigje...
Lerë Petrit Ruken,
Atdheu fillon nga të gjitha.

Lëre pastaj Kadarenë,
Dritëronë ta lëmë një çast.
Unë, ti, dhe një stol,
Më tej...Një stol dhe një park.

_____ SIÇ MË THE TI _____

Luhet shubert

Në katin e sipërm të bibliotekës luhet Shubert, Po
sikur duke qeshur të jesh ti?
Unë s'e kam mendjen fare dhe ngjis shkallët
Dhe dua të zbres në ndonjë libër të ri.

E si do të jesh ti si do të mundeshe
Ti je një engjëll por të fluturosh nuk ke fletë.
Në katin e sipërm të bibliotekës dikush është ulur
Sa për të më plagosur me Shubert.

Unë s'e kam mendjen fare dhe ngjis shkallët,
Hiç se vërtetë je ti atje lart, terë lezet,
Hiç se je ti ajo që prapë më mua luan,
Hiç se je ti ajo që me do prapë me Shubert.

Hiç se atje lart është një tjetër çapkëne,
Hiç se dhe ajo ka një djalë, një dashuri...
Unë s'e kam mendjen fare dhe ngjisë shkallët,
Po sikur duke qeshur të jesh ti?

Gratë e bukura

Më kanë pëlqyer gratë e bukura,
Dhe u kam kënduar si është dashur ana,
Po se ç'm'u mbush mendja të çmendesha,
Njërën një ditë ta qëlloja me thana.

E bukur ishte si borë me faqe të kuqe...
Po ç'them!Perri e kaluar perrisë...
Zor se mund ta gjeje lehtë në anët tona,
O zot sikur ta kërkoje dhe me pishë.

Në shenjë dy faqet e saj preku thana,
Unë qesha por më pas më gjeti belaja...
Në gjunjë i rashë,i kërkova të falura
Veten mallkova që e gjuajta me thana.

Tani sa herë vjen vera dhe piqet thana,
Unë s'mund të loz më me kokrrat e saj,
Ç'm'u mbush mendja atëherë të çmendesha
Të vuaj tani, për një kokërr thanë!

_____ SIÇ MË THE TI _____

Ajo më thotë

Ajo më thotë se do të më vras me heshtje
Edhe unë në heshtje do ta dua, do ta vrasë,
Do të ngreh një kështjellë të madhe prej rëre
Dhe vetë do të mbyllem në të brenda për inat.

Dritaren do ta mbyll, do t'i mbyll dhe grilat,
 Që ajo si engjëll drite mos të më zgjojë në gjumë,
Do t'i shpall luftë, me çarçaf do të mbuloj kokën
Që ajo kokës sime mos t'i trokasë më kurrë.

Kështu do të bëj se ndryshe s'mund ta mund,
Këtë grua që më rri te dera dhe brenda s'hyn.
Kështu do të bëj në këtë kështjellë prej rëre,
Që një grua mund ta rrëzoj dhe me frymë.

Po ti

Po ti nuk ke ndonjë foto me gjethe fiku,
Ose ndonjë gjethe molle, ç'të jete?
Mjaftë që mos jesh kështu në të ëmbël e veshur,
Me trupin e bukur dhe të njomë në erë.
Mjaftë sa mos të të zërë puhiza e verës
Me aromën e sanës së prerë,
Mjaftë të zgjat duart e të zbulojë
Kurmin e magjishëm të Evës nën mollë.

_____ SIÇ MË THE TI _____

Amarada

- Ndofta do gdhijë..., - më thotë Amarada,
Dhe zoti tek ti nuk do ta sjellë...
- Dritën ti lërë ndezë, Amarada!
Si yjet deri në mëngjes.

- Beson ti që ajo ven?! - pyet Amarada,-
Me cilët mend ti po e pret?
- Nuk e di ç'të them, Amarada!
Po kam një mendje që rri peng.

- Gjumi po të me marrë moj Amarada
Dhe atë zoti nuk do ta sjellë!...
- Për muzikë e verë është "Lago di Garda"...
Thot e qesh Amarada si një diell.

-Për muzikë e pritje jamë Amarada!
Për muzikë, verë, yje e natë!
Po ndiej hapat e saj që vjen, -thotë Amarada!
-Të zgjoj pastaj ta presësh nëpër valë!
----
*Amarada - emri i një kameriere
*Lago di Garda- liqen, nord, Itali.

Shaka me një grua që dua

Ti je Planet, unë-universi
Kontrolloj planetët dhe ty.
Unë po te dua Planetin tënd e përpijë.
Unë bëj Rrugën e Qumështit.
Po ti?
Unë bëj Rrugën e Qumështit
Jam gjithsesi...
Sepse në çdo hap dhe ëndërr
Më del ti.

SIÇ MË THE TI

Ka ndodhur në 1 prill

Jam shumë i mërzitur me ty, se je larg.
Sonte do të dal buzë liqenit të të pres ty.
Po s'erdhe do të hyj në ujë të lagem.
Po u laga do të mërdhij së ftohti dhe do vdes.
Po vdiqa nuk do të vi për verë të pi me ty verë.
Kur të më vijë gruaja do të më fus një tjetër shpullë
Kam pirë cigare në sallë. Për fajin tënd.
Do të mërzitem me ty dhe do të shpall luftë.
Në luftë ty do të bëhet qejfi që unë të bie...
Do të kesh pastaj mundësi të vishesh me të zeza dhe të blesh lule.
Unë lulet i desha për puthjet e tua.
Atëherë do të jetë vonë dhe nuk do të ketë lule,
Por duartrokitje dhe të puthura.
Ti do të dehesh me verë dhe do të më flasësh në heshtje.
Unë do të qesh dhe do të ngrihem nga varri.
Në varrin tim kishte qenë një këtër.
Ti do të shkruash një poezi tjetër për mua
Dhe unë do të recitoj vargje për rabeckën.
Rabecka ishte e vogël dhe e kuqe
Unë e pyes se nga e kam nusen.
Rabecka erdhi drejt teje
Dhe unë thashë se është gënjeshtër.
Tani, kur thonë se 1 prilli është gënjeshtër,
Ty dhe mua më vjen për të qeshur.

Gruaja dhe unë...

Gruaja nuk shkoi në punë,
I qe këputur një kopse e fustanit,
Sapo ja qepa një kopse,
Tani po gatuan për darkë.
Janë gjëra të përditshme që ndodhin,
Një djalë dhe një vajzë.

Unë nuk luaj me flokët e tu,
Të puthesh nuk është loje dhe luftë.
Dhe, nëse je fshehur prapë je e bukur,
Vetëm se sytë e tu kanë shkuar diku më larg,
Më larg nga deti ku mund të jem mbytur,
Akoma më larg.
Më larg ngase dikush që të ka bërë kështu si flutur,
Sa për të më bërë mua të marrë.
Tani dhe unë po shkoj po s'di se ku të vete
Se ti, kështu e bukur si një flutur,
Ke shkuar diku më larg.

SIÇ MË THE TI

Tek sania për lule

Gruaja më thotë të shkoj të blej për te lule,
Me pyet me sytë e saj, por të çuditur,
Po në qytetin ton lulet i shet vetëm Sanija,
Vetëm Sanija ka dyqan për sy të ndritur.

Mirëpo unë s'shkoj dot tek Sanija të blej lule,
Se Sanija shet lule dhe është kaq e bukur,
Ah,nga e qeshura e saj,në prag të derës,
Sa s'u gërmita e s'theva këmbën herën e fundit.

Ah kur kaloj pragun e asaj dere dhe shoh,
Shoh Sanijen duke qeshur që më pyet...!
Ju mos më pyesni se ç'ndodh me mua,
Se në një planet tjetër jam e loz me yjet.

-Po ç'do moj e dashur që më çon të Sanija,
Po çdo moj e bekuar që më çon për lule?
-Ah, more burrë, po Sanija është mikja ime
Dhe më tregoi ç'të ndodhi ty herën e fundit...

Pupasi i borës

Tani është vonë dhe ti kujton se tallesh me mua,
Nuk e di se ai njeri me kapotën time që rri strukur
Është thjeshtë një pupalesh bore që e bëra enkas
Dhe enkas i vura lule në duar, që ty të të vij keq
Për mua që jam jashtë e për ty po vuaj.

E di që tani tallesh dhe mendon se ma hodhe mua,
Pa ditur asgjë për pupasin me xhaketën time veshur,
Unë tejet i lumtur që ti qesh ashtu kot fare,
Mbarova kupën e verës duke qeshur e menduar
Që ti loz me mua dhe me zeron e hënës e gëzuar.

_____ SIÇ MË THE TI _____

Kur do të vish

Kur do të vish, thuamë kur?
U rralluan dhe yjet në qiell,
Dhe hëna u tretë mbi drurë,
Lumi rrjedh kuturu mbi gurë.

Nën simfoninë kuisëse të erës,
Rrugët mbeten të shkreta,
Pyjet pikëpyetje të pagjetura,
Fjalët e tua sonte të pa thëna.

Kur do të vish? E njëjta pyetje,
I njëjti mendim që më glikonë.
Ndërsa nata mbretëron e tëra
Siluetën tënde kërkoj në dhomë.

Omar akram

Tani brenda meje ka heshtje dhe pak mendime,
Aq pak sa
Po të të telefonoj ty
Do të trembesh.
Ndërsa dëgjoj branët e Omar Akramit,
Që ti më solle mbrëmë për pranverën.

Më duket aq e tepërt të të them se ndjehem vetëm,
Sa më mirë të rri,
Ose të rri prapë i heshtur,
Ose të luaj me tingujt branëve që më solle,
Siç solle trëndafilat e bardhë kur çelin,
Tingujt e çuditshëm të ujit,
Kukurisjet e bufit,
Ose muzgun dhe hënën që zbret ngadalë,
Apo yjet kur behën të zjarrtë.

E ndërsa ti pothuaj ti je larg.
Unë ndiej hapat e tu dhe godas ca shkronja
Kështu kot së koti nis një varg.
Gota e ujit rri përgjysmë mbi tavolinë dhe letër,
Lule, prapë lule dhe letër
Tik-tak, ora dëfren në pjalm
Ti derën befas shtyn ngadalë...
Omar Akram...!

_____ SIÇ MË THE TI _____

Për kot

Tani s'është kohe pushkinësh
S'ka më duel tragjikë,
Askush s'të vret veç fjalës,
Veç ti që më pyet përditë.

Dhe s'di sa herë me merr,
Si era merr lulet në shpirt,
Pastaj, duke qarë e u penduar,
Ma heq shqetësimin e ligë.

Po ç'do që më vret, moj e uruar,
Pse vdes ndonjë hop poezish?
Po kur të vdesësh ti për mua
Të më bësh poezi të gjithë?!

Me pyetje e merak mëngjesësh,
Më bie bam në gjoks.
Mos më duaj, sikur më thua,
Por ti s'më këndon për kot.

Nuk e di

Nuk e di se ç'të ka ndodhur,
Përtej detesh, përtej alpesh, aq larg e pafund,
Përtej meje, përtej ditës, përtej orës që më shkund,
Përtej heshtjes dhe trishtimit ku nuk dukesh ti gjëkund,
Veç ca zogj, veç ca re dhe ky shi i ftohtë shumë,
Në atë heshtje ku je strukur i pranishëm edhe unë,
Nuk e di se ç'të ka ndodhur,
Nuk e di ç'po them dhe unë,
Nuk e di ç'po ndodh tek unë!
Përtej detesh, përtej alpesh, aq larg e pa fund.

_____ SIÇ MË THE TI _____

Sot

Ti merr rrugën për në Rinas,
Unë, Veronën, avion marrë,
Shqiponjë u bëra e mora qiellin,
Ti fushë e kuqe të më presësh.

U bëmë rrugë e pritje sot,
Pak më shpejtë e prit dhe pak,
Pak më shpejtë, ja edhe pak,
Ky avion kalë i ngathtë...!

Ti sot nuk je, as unë nuk jam,
U dogjëm sot, u bëmë mall,
U bëmë rrugë e pritje sot,
Pak më shpejtë, ja dhe pak!

Në metro

Ajo duke zbritur,
Unë duke hipur,
Shiheshim,
Vetëm kaq.

Dhe kështu
Çdo ditë,
Ajo duke ikur, unë duke ikur,
Vetëm kaq.

Por një ditë,
Ajo duke zbritur,
Unë harrova për të hipur,
Jo vetëm kaq.

I erdhi keq,
Më mori për kafe
S'më pyeti për asgjë,
Jo vetëm kaq.

Me mori me vete,
Me dorën e saj,
Në shtëpinë e saj,
Jo vetëm kaq.

_____ SIÇ MË THE TI _____

Orët e qumështit

Ti bënë librin tim, unë shpërndaj këngët e tua,
Po kush të solli në këtë klimë hyjnish?
Ç'qumësht nëne sytë t'i ka dritësuar?
Në këtë shekull ty, cili burim?

O bijë e Kosovës s'të mbaj dot në duar,
Ti je kitarë që dridhesh e në vetvete përtërihesh,
Me tela e ke trupin a me lule fushe,
Apo me zëra e me netë të menduara perëdie?

Moj eurekë e praruar magjike e çuditshme,
Më bënë të ndjehem si Mujo netëve në Bjeshkë,
Lopët ti harroj, e të ma këtë enda,
Të përkund e të qetësoj dy djepe me jetë.

Lërmë të pi epikën e qumështit tënd mbi libër,
E netëve në bjeshkë me tërthorakët e mi.
Të vë marrshin e trenit ndërlidhës të muzikës,
Dehur në dy binarët: arsye dhe gji.

Ti bënë librin tim, unë shpërndaj këngët e tua
Po kush të solli në këtë klimë hyjnish?
A qe ajo natë kur lopët i harrova?
A qe ajo natë kur ju më dhatë forcë e dashuri?

Gruaja e bukur

Ai ballkon plot me lule atje është i saj, Unë nxjerrë
një laps dhe e pikturoj mbi letër.
Gotat e mia të pijes u bën varg...
Po pse kaq të çuditur sytë e kamerieres?

Shushurimë e lehtë ngrihet nga Shkumbini,
Mbi tryezë gota e birrës, tutje ballkoni i gruas,
Herë pas here vjen kamerierja e çuditur,
Heq tavllën me bishta cigaresh të shtypur...

Derisa ajo të dalë e të ujisë lulet s'i dihet,
Kamerierja sheh nga ballkon i saj e ndreq karriget,
Unë shoh kamerieren e çuditur i habitur, Po s'më
iket pa parë gruan e bukur, s'më iket.

Befas dera e ballkonit hapet dhe del ajo,
Veshur krejt me të bardha përkulet mbi lule.
Kamerierja sheh, mban të qeshurën me dorë,
Me dorë ja bënë dhe gruas së bukur.

....Qenka motra e kamerieres gruaja e bukur, Gruaja
e bukur e ballkonit me lule...!
Unë ngrihem, po harroj pikturën, ndërsa ato
Me mua, duke qeshur në të qeshurën e muzgut.

_____ SIÇ MË THE TI _____

Cast

Në furkën e kohës mbështes kokën,
Në furkën e kohës dhe rri shtrirë.
Si smeralde gjoksi yt ku vë kokën,
Ti më përkëdhel sikur bën ndonjë fill.

Ç'u bënë gjithë ata trëndafila të bukur?
Po fjalët që të kam thënë, vera që pimë?
Mos qesh, po thuamë ç'u bënë, ku
Si margaritarë përgjithmonë u shkrinë?

Ndjej si fryn era dhe i mbledh të gjitha
Në kokën time dhe shtrirë te ti.
Ti mban furkën dhe m'i tjerr me gishta,
Përrenjtë e kujtimeve dhe flokët e mi.

Nuk erdhi

Po iki. Pas liqeni më ndjek me dallgë të trishta.
Ajo nuk erdhi dhe dimri nuk iku,
Unë numëroja minutat e ardhjes së saj
Me cigare dhe gishta,
Ajo nuk erdhi dhe dimri nuk iku.

Unë mbeta si një far i shkretuar pa vaj,
Ju më thoni, digju!
Po si të digjem? Për çfarë?
Nëse do të bëhesha vaj e të digjesha,
Unë do të digjesha për ardhjen e saj.

Po iki. Nuk dua të pres më kurrkund tjetër,
Më lodhi gjatë pritja dhe dimri,
Xhaketën time të vjetër hedh në krahë,
Po iki, bëj sikur iki
Mbi liqen, far i vetmuar dimri.

_____ SIÇ MË THE TI _____

S'ta kam borxh

Ç'më fut një bombë e bëhesh heshtje,
S'ta kam borxh.
S'ta kam borxh që bëhesh ëndërr,
S'ta kam borxh.

Për ty shkruaja unë vjersha?
Jam i marrë e gjithsesi,
Nuk i shkruaj për ty këto vjersha,
Po për cilën, e di veç ti.

S'kam ndërmend prapë të vuaj,
Si dikur kur qesh i ri,
Porse ti më bënë të shkruaj,
Dhe më shkruan veçse ti.

Anna karenina

Unë, ti,
Dy shina treni,
Që s'piqen kurrë,
Që s'priten kurrë,
Që s'puthën më kurrë.

Kështu e bukura,
Anna Karenina!
E mundura,
E pamundura,
E bukura,
Anna Karenina!

U bërë zjarr,
Anna Karenina,
U bëra lumë...
A dy shina treni,
Që s'piqemi kurrë.

SIÇ MË THE TI

Nuk jam lasgushi

Kur u ndamë në Lezhë,
Në Lezhë më the të gjej,
Një letër dhe një rrugë
Dhe lapsin tënd ke lënë

Më thotë se je në Pejë,
Ky laps yti pamend,
Në Pejë më bërë lëmsh
Lëmsh, sa lëmsh, s'të gjej.

Pejanet heshtur thanë,
Me laps s'mund ta gjesh…
Nga celulari ti shkruan,
Me laps se je në Lezhë.

Po ç'tallesh, më bën lëmsh,
Tani sa vijë në Lezhë.
Kujton se jam Lasgushi
Të ndjek nëpër qiej?

Më lodhe, laps më bërë,
Aq rrugë, sa verë, sa di.
Një zë të fle në Lezhë,
Është zëri që ke ti.

Ti duhet të kthehesh

Ti duhet të kthehesh, unë nuk e di përse,
Ndofta se më ike kështu papritur,
Ndofta pse s'të putha për herë të fundit,
Po ku e dija unë se ishte hera e fundit.

Ti duhet të kthehesh, unë nuk e di sepse,
Siç nuk e di pse më deshe, përse,
Siç nuk e di pse s'të desha më shumë,
Siç nuk e di pse më lë pa gjumë.

Duhet të kthehesh, të kthehesh tek unë,
Nuk e di pse prapë të desha kaq shumë.
Ndofta pse s'të putha për herë të fundit,
Po ku e dija unë se ishte hera e fundit.

_____ SIÇ MË THE TI _____

Nëse vërtetë u deshëm

Ne qemë Donkishot, ne qemë a bëmë për qejf,
Unë s'qesh babai i saj, por jam i saji det…
Nëse s'më dha puthje, nëse s'ju bëra det,
Nuk qe se nuk u deshëm, aq pak, sa për qejf.

Nuk qe se nuk u deshëm, nuk qe se nuk u tallëm,
Aq shumë, sa derën e lamë dhe të hapur.
Aq shumë, për dreq, aq shumë u zumë
Me zënien tonë plot zhurmë, të gjithë pa gjumë…

Gjithë shtigjet m'i dogji, me heshtje dhe me gurë,
S'pyeste labe e bukur, e detit me furtunë?!
Je mbyllur jashtë, i thosha, do digjesh shumë,
Po pyeste labe e ndezur, e detit me furtunë?!

Në qemë Donkishot, në qemë a bëmë për qejf,
Babai i saj nuk jam, por jam i saji det.
Nëse do të më pyesnit se vërtetë u zumë,
Këtë s'e dini ju, e di ajo dhe unë…

Kurrë s'kam qënë në sazan

Dhjetor ishte dhe s'qe as maj...
Kur befas m'u shfaq deti i saj.
Unë det të gjallë s'kisha parë,
As Dean s'e kisha parë të gjallë.

Dhjetor ishte dhe s'qe as maj...
Përplasej det i Jonit mbi Sazan.
Unë det si njeriu nuk kisha parë,
T'më fliste e t'më qeshte si i gjallë.

Dhjetor ishte dhe s' qe as maj...
Valët zunë të më qanin në Sazan.
Dhe s'kisha forcë dhe s'kisha varkë,
Valët zunë t'më qeshnin në Sazan.

Ç'm'u desh të lëvdoj detin e saj?!
Unë det të gjallë s'kisha parë.
As Dean s'e kisha parë të gjallë...
...Dhe kurrë s'kisha qenë në Sazan.

SIÇ MË THE TI

S'bie borë

Dhjetor është dhe borë s'po bie,
Po një mjegull është për dreq.
Sikur ajo vërdallë më sillet,
Sikur ajo vërdallë më qesh...

"- Ej, ti, qorr që pi cigare,
Që pi verë dhe detin pi.
Nuk është hëna në dritare
Po jam unë dhjetori i ri"...

Borë s'bie, s'ka pse bie (!!),
Unë kurrkënd nuk po pres.
Porse tej nga përroi i zemrës
Shpesh ky zë më lë pa mend.

Ngrihem, dal e dal në dritare,
Por, as zë e as fytyrë,
Ky dhjetor dashurie
Është i saj a është tek unë?!

Borë s'bie, s'ka pse bie,
Unë kurrkënd nuk po pres.
Porse tej nga përroi i shpirtit,
Herë gënjej e herë zë qesh...

Vajzë e borë

Pse po shkon e qysh do bëhesh
Vajzë e borë, në borë të lehtë?
Ti e di çdo lumë prej guri
Që nga qielli borën pret.

Nëse shfaqesh ti nga deti,
A nga qielli, s'e di në ç'vend!?
S'është nevoja të ma thuash,
Këtë e ndiejnë tërë lumenjtë.

Nëse shfaqesh ti nga malet,
Ja, për shembull në Tomor,
Mua Dodona më desh e para,
Mua , erën, yjet, zogjtë...

Nëse shfaqesh ti prej alpesh,
Si borëbardhë, si dëborë,
Unë shqiponjë do të bëhem,
Do të ngrohë, të mbaj në dorë.

Pra, më thuaj kur do vish?
Ose thuaj që s'do vish!
Apo erdhe dhe s'të ndjeva
Se qe vajzë që re në shpirt?

_____ SIÇ MË THE TI _____

Eja

Nuk shkrova poezi t'i bëj lapidar vetes,
Të shkruaj emrin gjithkund e gjithsesi,
Shkruaj poezi kur ajo më flladit te dera,
Ja, kështu, gjithë e flladitur siç je ti.

Prandaj bëhem i tëri me shpirt e me zemër
Të dehemi, të qeshim, të qajmë tok,
Se ndryshe po i hymë rrugës së emrit,
Kritikëve s'ua dalim me miliona ne sot.

Leri, moj, kritikët. le të pëllasin
Po eja të të puth njëherë, kështu kot,
Le t'i lëmë lirikat dhe grazhdet e kritikëve
Barin dhe gjethet le të mbajnë në gojë.

Moj mike

Ishe ti, ishe ti që vodhe Prometeun,
Para se Prometeu të vidhte Perëndinë.
Me zjarrin e tij sa më shumë të më joshje,
Dhe sa më shumë të ishe ti e mirë.

Ah, moj mike, të më kishe vjedhur mua
S'do ma kishe ngulur në kokë marrëzinë...
Se unë Perëndinë s'do t'i kisha vjedhur
Botën ta ngjyeja me benzinë.

Ah, moj mike, të më kishe vjedhur mua,
Sa mirë kjo botë me Perëndinë do ta kish.
S'do kish më të varfër e të robtuar
Dhe Guri i Sizifit s'do ekzistonte, sigurisht.

E shumta, poetët nga pak do t'i vidhja,
Prej tyre do merrja aq zjarr dhe dritë,
Sa mos mërdhija mbrëmjeve e të shihja
Ty, veten dhe Perëndinë.

SIÇ MË THE TI

Ah, ç'na bëre, moj mike, medet...
Si s'të erdhi keq e ta mendoje më mirë,
Na prishe që na prishe Prometeun,
Na prishe që na prishe me Perënditë.

Ç'na u desh kaq zjarr, moj, ç'na u desh,
Sa për të djegur gjithçka, moj, për dreq,
Veç Prometeun mos kishe vjedhur,
Se zjarrin brenda teje e pate ti vetë.

Na prishe që na prishe Prometeun,
Na prishe që na prishe me Perëndit.
Por ishe ti, që vodhe Prometeun,
Para se Prometeu të vidhte Perëndit.

Në kopështin e fqinjës

Në kopshtin e fqinjës u poqën mollët,
Fqinja e bukur loz nën mollë.
Dhe në kopshtin tim janë pjekur mollët,
Vi përqark në kopshtin me mollë.

Sikur një kokërr molle të më hidhte,
Një kokërr mollë sa për lojë.
Ka bar të gjelbër në kopshtin e fqinjës,
Ka bar të gjelbër dhe shumë mollë.

Dhe në kopshtin tim është bari i gjelbër
Dhe fryn lehtë një veri i hollë,
Po ah, një kokërr molle do të dëshiroja,
Nga mollet e saj sa për lojë...

_____ SIÇ MË THE TI _____

Dy rrugët e saj

Janë dy rrugë që bëjnë këmbët e saj,
Dhe dy rrugë ku bëhem pluhur e baltë.
Një herë merr rrugën ajo dhe i bie nga poshtë,
Një herë merr rrugën ajo dhe i bie nga lartë.

Po cilën rrugë ajo sot do të marrë?
Në cilën rrugë t'i dilja sot e ta ndalë?
Janë dy rrugë që bëjnë këmbët e saj,
Janë dy rrugë ku bëhem pluhur e baltë.

Dhe befas i bie rrugës ku unë jam,
Me hapa shkel mbi mua pluhur e baltë.
Dhe s'ka fund bukuria magjepsëse e saj
Po ah, marrëzia ime që më humbi çdo fjalë...

Nën çadrën e hënës

Nuk ke varkë të më ndjekësh?
Do që të bëhem për ty varkë?
Apo do të vish në varkën time
Dhe pse me dallgë, dhe pse me natë.

Unë kam dhe hënën në varkën time.
Sa mirë në varkën time të jesh ti!
Në rëntë shi ti do të habitësh,
Me çadrën e hënës do të mbuloj ty.

Ti, hëna, unë dhe deti për ty blu.
Dhe yje, plot me yje qielli.
U trembe? Mos u tremb! Nuk do të bjerë shi,
Se unë e bëj enkas që të trembesh ti.

Një erë e lehtë si një murmurimë nate,
Dhe ti nga frika do më vish në gji.
Një kitare, që ndofta telat do t'i këputën,
Nën çadrën e hënës me mua dhe tv.

_____ SIÇ MË THE TI _____

Do tu flas për ty

Do ti që t'i flasë detit për ty?
Do që t'i them se je e dashura e poetit?
Do që t'i them valëve të të duan?
Do që në këmbët e tua ta bie bregun?

Do që të të vesh peneli i pranverës?
Do që të të marrë era të të mbajë në duar?
Do që të bëhesh një pulëbardhë e gëzuar?
Do që të puthesh me qiellin, diellin, mua?

Do që të bëj për ty çfarë ti të duash?
Do që të bëj ty çfarë do që ti të jesh?
Do që të jesh poezia më e bukur që shkruaj?
Do që të më bësh mua vërtetë poet?

Tërë ditën që fishkëllej

Meqenëse më ra rruga këtej, thashë, po fishkëllej,
Po ç'punë kam me ty kur fishkëllej?
Vetëm po eci kot së koti këtej...
As e kam mendjen fare se po del ti a s'po del.
Po s'dole këtej, prapë do t'i bie dhe andej.
Dhe kot së koti për ty do të fishkëllej.
Tërë ditën sot andej dhe këtej.
Tërë ditën sot që fishkëllej.

_____ SIÇ MË THE TI _____

Busulla

Të lutëm, kthemë busullën që më vodhe,
Atë ditë kur u kryqëzuam e folëm bashkë,
Qorr e nord, tejet të brymëzuar më bërë,
Më bërë që me vetën të flasë.

S'do t'i dua më qytetet me dete dhe ullinj,
Me plazhe, sirena anijesh, horizonte blu...
As për verë të vjetër baronësh nuk do pyes,
Dhe gjithashtu s'do pyes më për sytë e tu.

Kështu do të bëj ndërsa qëndroj një çast,
Pikërisht atje ku u kryqëzuam e folëm bashkë,
Pikërisht atje ku humba busullën time,
Dhe jam i bindur që ti ma ke marrë.

Të lutem, kthema busullën që më vodhe
Se nuk po di nga të shkoj, as po di nga të marrë,
Se më vjen turp, aq turp që ti më vodhe,
Kur duhet të të vidhja unë se jam djalë.

S'do të vi më në qytetin tënd të bukur
Me ujë të ftohtë, me det dhe me valë,
Do më turpëronin me gisht të turpëruar,
E shikoni...Silvana e ka vjedhur më parë...

Siç po të them

Poetët nuk flenë gjatë,
Flenë pak dhe ëndërrojnë shumë.
Po ti qenke gjumashe,
Sa do të të shkund nga krevati dhe do të të lag në lumë.
Kur të zgjohesh do t'i gjesh teshat e lagura,
Do t'i lag unë për hakmarrje,
Që nuk më vjen në ëndërr të flasësh.
Unë do të shkoj te doktoresha,
Dhe te berberja të pres flokët,
Po më pyeten për ty, do t'u them se nuk të njoh.
Do t'u tregoj fotografinë tënde dhe do të të shaj.
Do të të shaj për kumbullat që nuk kanë çelur...
Dhe për shumë e shumë gjëra të tjera do t'u flasë.
Do të gënjejë p.sh. që ti nuk je e bukur,
Do të gënjej p.sh që ti nuk ke fokë të gjatë,
Do të them se ti nuk më ke lodhur,
Do të them se ti nuk më ke lënë pa ngrënë.
Do të them se je e pabesë dhe prapë do të gënjej,
Do përpiqem kështu si po të them,
Sa mundem keq të të bëj.
Që ti kur të zgjohesh të mbetesh pa mend,
Nga inati do ta bëj, siç bën ti,
Në ëndërr dhe nga inati që ti s'më del...

_____ SIÇ MË THE TI _____

Më, mos fli

Gjumashja ime,
Kur të zgjohesh nga gjumi mos harro kafenë.
Ta bëra gati ta lashë në tryezë,
Mjaftë që të vishesh,
Të vishesh bukur e shpejt.
Mjaftë që të hapesh dritaret dhe grilat,
Po jo siç bën ti, si rrufe,
Perdet e kaltra t'i vësh mënjanë
Pluhurat t'i heqësh ngadalë...
Shih, ç'lule për ty kanë çelur,
Ç'lule, polen dhe mjaltë!
Ç'puhizë e freskët nga mali zbret
Aromë luleshtrydhesh e çaji.
Mbi tryezë përskaj kafesë dhe sheqerit
Të lash këtë varg:
Më, mos fli!
Diell, lule dhe bletë, ti,
Mjafton të zgjohesh e të dalësh jashtë,
Më, mos fli!

Më tepër se një kalë

Midis këtyre kuajsh të azdisur e të paqtë
Dhe kalit të drurit,
Unë për ty do të isha gjithmonë
Një kalë i zi dhe i bardhë.
Do të vrapoja fushës nga ti do të më tregoje
Më gisht dhe më duar,
Më tepër se një kalë,
Një kalë i zi dhe një i bardhë,
Do të vraponte nga do t'i tregoje ti,
Përmes kësaj fushe dhe teje
Më tepër se një kalë.

SIÇ MË THE TI

Të fitoja unë, të më doje ti

Tani që jam pa ty po të shkruaj,
Kështu më ndodh kur me mungon ti.
Mendimet E tua mbaj në duar,
Ç'do donit më, në ç'kuptim?
Kështu për të më shkatërruar
E të më grisni kot së koti në harrim?

SHEFQET SULMINA

Nuk jam letër ku ju të shkruani:
-Ah, i ziu vdiq papritur në harrim!
Të më mblidhni kurmin e tjetërsuar
Me pelena të bardhë e me mërzi,
T'më mbuloni me lule e fjalë që s'duhen,
T'më mbuloni me lule e vajtim.

Ti, grua e bukur, për të cilën do bija,
Në njëqind përleshje pa ngurrim,
Megjithëse luftën kurrë nuk do ta doja,
Nuk do ta doja, jo pse s'kishte kuptim,
Por sepse në luftë i pari do të vritesha,
Do të vritesha për ty që më jep kuptim.

Për ty, grua e heshtur, që rri në pritje,
Me sytë e çuditur, në erë e në marrëzi,
Nuk jam unë që e shpalla luftën
Dhe nuk di si ta bëj luftën, kurrsesi,
Po për ty do të futesha mes shpatash,
Me shpresë të fitoja të më doje ti.

SIÇ MË THE TI

Në postën e letrave

E mora vesh shpirtin tënd që fryn,
Si një puhizë vere që të ngjeth.
Më kot të kërkoj në muzgun që vesh,
Më kot në drurët me fletë e pa fletë.

Krejt i vetëm për ty, krejt dhe s'di,
Ç'do të ndodh me ty dhe në ç'vjen.
Të gjithë shtigjet drejt teje të vi,
Të gjithë shtigjet drejt teje s'i di.

Mjaft, më mirë po hesht, po rri vetëm,
Më mirë më gjej ti, siç di të gjesh,
Ose më hidh ashtu siç hedh një letër
Në postën e letrave pa asnjë adresë.

Ti për mua

-Mimozës-

Ti je deti im
Nga i cili mund të pi
Më të bukurat valë
Që përqafohen,
Me valët kapriçioze
Që copëtohen.

Ti je moli më i afërt
Në këtë botë
Kur stuhia më mbyt
Ngaherë e do
Me ashpërsinë e saj
Të më fundos.

Je faqja e mrekullueshme
Që më përqafon
Je qielli im
Ai që më bën të fluturoj,
Që më jep zjarr
Dëshirën të të dua.
Dhe kur bie shi...
Ti lagësh me mua.

_____ SIÇ MË THE TI _____

Një kafe

Sa dëshirë do të kisha të të bëja një kafe
Dhe të ta sillja ty në shtrat.
Do të ishte kulmi i marrëzisë
Dhe i mrekullisë njëkohësisht.
Si e do kafenë me pak apo më shumë?
Do t'i vë pak mjaltë luleshtrydhesh?
Mjaltë akaciesh ose mjaltë lëndine?
Një lugë të vogël sa një shpirt.
Kujdes mos e derdh kafene,
Mos e derdh kafenë se do të bësh xhinset pis,
Do më bësh të ta bëj kafenë nga e para,
Do të më bësh të t'i zhvesh dhe të t'i laj,
Të t'i laj dhe t'i ndej
Për kafe dhe xhinse nga e para.

SHEFQET SULMINA

Po pse kaq vonë

Po pse kaq vonë kur e dije që të prisja,
Në pyll dhe e fundit gjethe u shkund!
Këtu në qytet trafiku shkoi në tiltë
Dhe thonë se smogu do të bëhet më i butë.

Kështu thonë gjithmonë ata që vënë semaforë
Dhe ne që i thyejmë përditë, ne të gjorët.
Po ti duhej të kishe ardhur më shpejtë
Të më shpjegoje karnavalet dhe orët.

Prapë, dhe pse shkoi vonë, bëre mirë që erdhe
Siç e pe më gjete prapë duke të pritur
Dhe nëse shkon se prapë të bëhet vonë,
Unë vonë do të të shoh se më ke ikur.

Kështu ndodh gjithmonë kur ka semaforë
Dhe në që i thyejmë përditë, ne të gjorët.
Po ti bënë mirë që në mua vjen e shkon,
Në tiltë trafiku për karnavalet dhe orët.

_____ SIÇ MË THE TI _____

Mirupafshim

Mirupafshim, mirupafshim,
Me ç'celular t'i dërgoj të falurat?
Sipër dallgëve të këtij deti
Kaq i bukur dhe i largët?

Mirupafshim, mirupafshim,
Në bregun tjetër s'të gjej ty më,
Në bregun tonë s'do më shohësh më,
Tani erë atje dhe tjetër asgjë.

Tani krehër i erës bën finte
Që flokët t'i kreh ty me ngeh.
Në bregun tënd dhe në timin,
Erë dhe det, dhe tjetër asgjë.

I vetmuar dhe i grishtë bregu,
Rërë e guaska, tjetër gjë asgjë,
Mbrëmjet kur zbresin me veshje,
Me guaska kujtimesh vishen atje.

Savjeshtë

Vjeshtë, shumë vjeshtë, sa vjeshtë kjo vjeshtë
Përjashta, brenda dhe brenda meje vjeshtë,
Në rrugë vjeshtë, në hapa, në qiell vjeshtë,
Në ikje zogjsh, në drurë të rrjepur, në ardhje resh,
Ngopu sa të duash me fjalë të pathëna me vjeshtë,
Shkruaj sa të duash në fletë të zverdhura pa jetë,
Shkruaje mbi rërë në zbaticat e detit këtë vjeshtë,
Vjeshtë në stolat e parkut, ha-ha ku i lamë të shkretë.
Fshiji po të duash me fshesë, po të duash prapë
Fshije po të duash me ardhjen tënde këtë vjeshtë!
Kaq vjeshtë, kot së koti pa ty kaq vjeshtë,
Kaq vjeshtë në rrugë, kaq vjeshtë në muzg,
Kaq vjeshtë te ty dhe tek unë kaq vjeshtë.
Ha, ha, ha sa vjeshtë, sa vjeshtë kjo vjeshtë.

SIÇ MË THE TI

Mos bëj të qajnë fëmijët

Nëse shkoj nga kjo botë
Dhe nga sytë e tu të mëdhenj e të bukur,
Plot me yje dhe reshje shirash,
Të hapur në dritë e në ere,
Ti nuk do të shndërrohesh një flutur nën hije,
Një guaskë e vetmuar në breg
Përflakur nga deti dhe dallgët e tij...
Lumin tënd ta uroj të gjallë,
Për shumë gjëra që ti i di,
Për shumë të tjera që do t'i jetosh me fëmijët
Për shumë të tjera që do t'i duash,
E për shumë të tjera që do t'i thonë prapë fëmijët.
Do jenë sërish krahë përkrahë lumenjtë tanë.
Se të vjen ta mendosh, mos ma thuaj,
Se jo, mos qaj e dashur
Të bësh të qajnë dhe fëmijët.

SHEFQET SULMINA

Meri, moj meri im...

Dhe mjegulla shterp nuk më tremb,
S'më tremb kjo heshtje dritë terri,
Veç ti kur e lodhur nga puna më vjen,
Më dhemb sa s'çahem këtij mëngjesi.

Më dhemb sa s'çahem këtij mëngjesi,
Kokë lodhur shumë tastierën shtyp,
Kushedi se ç'shkruhet në anën tjetër,
Kur befas buzëqeshur ti derën shtyn.

S'të pyes më në je lodhur, s'të pyes,
Me duar marr supet e tu të vegjël.
Ti qesh më shpirt e do të më shtysh
Të tregoj se mora a s'mora kafe te Keti.

Të tregoj për shkërmoqjen e shegës.
Shkërmoqjes komike të mëngjesit.
Kështu, ti harron lodhjen e punës,
Moj Meri, moj Meri im, moj Meri...

_____ SIÇ MË THE TI _____

Mbrëmje onufri në Shpat

Pas hedhjes se farës në brazë,
Filloi të dremisë mbi një ëndrr.
Në këtë ëmdërr fle unë dhe gruaja,
Bukaniku ku shtëpia jonë gjendet.

Gruaja më kujton Van Gogun,
Luan me veshin tim e qesh.
Më pëshpërit për Onufrin
Dhe s'do që unë të fle.

Më pyet se kam diçka ta pyes,
Me eshkën e saj breshër,
Brazdë e mbjellë jetë,
Pyell e qiell gjindezur.

...Dëshirë pagjumësie më vjen,
Me shpirt prej saj lëmuar,
Të bëhëm Shpat-Onufër
Dhe burrë i saj i duhur.

Një muzg i kuq, të kuq,
Si ky që solli mbrëmjën.
E kuqa e Onufrit, gruaja
Unë- Van Gog i veshit.

Po të duash

Në dhomë mund të bësh ç'të duash dhe, krejt i
heshtur, Mund ta bësh pëllëmbën grusht po të duash,
Mund të numërosh katrorët e vegjël të pavimentit,
T'i shumëzosh me kuadrate të tjerë dhe rrathë të
mbyllur, Mund të numërosh dritat e vogla të
abazhurit, Mund t'i mbash ndezur tërë ditën dhe pse
nuk duhet Dhe mund të vraposh në këmbë ose
gjunjazi, Mund të bësh d.m.th. çfarë të duash.
Por edhe jashtë mund të bësh çfarë të duash,
Mund të numërosh segmentet e rrugëve, po të duash,
Mund të bësh, d.m.th. çfarë të duash.
Mund të shumëzosh kuadrate me rrathë të mbyllur.

_____ SIÇ MË THE TI _____

Zgjohu anile

Dashuria nuk është kopje,
Libri është kopje...
Dashuria nuk është kopje...
As tre nuk është e mirë...
Ndërsa pija një gotë vere gjak të kuqe,
Të mendoja ty dhe historinë...
Natën e mirë, Anile!

Ti sonte nuk je

Ti sonte nuk je. I thamë të gjitha pa thënë asgjë,
As patëm për të thënë që ç'ke me të,
As kemi për të thënë, ta dish, më asgjë.
Asgjë nga thëniet që do të dëgjoje, s'po të them asgjë.

Vetëm se kjo hënë, vetëm se këta yje,
Vetëm se këto rrugica, kjo erë, kjo bahçe me limonë,
Ajo lagje me shtëpi të bukura dhe drita të ndezura,
Ja këtu, këtu në gjoks, këtu te zemra dhe tek e qeshura jote.

Asgjë. Vetëm se ky traget nesër niset për në bregun tjetër, Vetëm se deri nesër u bë vonë dhe ky është traget i bregut tjetër. U bë vonë, dua të them se është koha për të fjetur. Dua Të të kujtoj dhe një herë tjetër, është vonë, është ora për të fjetur.

Të të kujtoj dhe një herë tjetër, është vonë, është ora për të heshtur.

_____ SIÇ MË THE TI _____

Bajlozët dhe dashuria

Nëse vi në Vlorën tënde,
Në Vlorën tonë po të vi, Jonila,
Pushkën e Selam Labit do të marr
Dhe do të të qëlloj me karafila.

Deri sa e vdekur ti të qeshësh,
Karafilat në maj, Jonila, siç qeshin
Dhe do të ndodh atje buzë detit,
Buzë detit, rërës dhe bregut.

Dhe do të ndodh atje, Jonila,
Atje ku bëheshin luftëra me bajlozë,
Atje buzë detit të bukur Jon,
Ku dashuria dhe bajlozët gjëmojnë.

Pushkën e Selam Labit do të marr
Dhe do të qëlloj me karafila,
Bajlozët kanë luftërat e tmerrshme të tyre,
Dashuria luftën e saj me karafila.

Kastadiva

Nëse për ty
Do të më ndezë malli prapë ndonjë mbrëmje
Dhe s'do të mund ta shkruaj dot poezinë...
Pa dal deri te bregu me det,
Pa ndjerë çapin tënd të lehtë,
Që prekur rërën e njomë
Dhe tretet nëpër erë...
Në natën me det e me jod,
Me detin me hënë,
Me hënë dhe me drita...
Se dua të t'i them...
Të gjitha, të gjitha.
Plumba e karafila.
...Kastadiva!....

_____ SIÇ MË THE TI _____

S'kishte fluturuar ndonjëherë

"Dua të largohem nga ky planet,
Përherë me reshje shirash,
Përherë me rrebeshe luftërash,
Me britma fëmijësh zbathur e lakuriq,
Me Makbethë të rinj e të rrëmbyer.
Me kuaj të metaltë e të ngjyer,
Zjarrin e yjeve, dua të kem brenda,
Brenda meje zhurmën e erës.

Plot etje shikoj dhe besoj këtë qiell
Të hapur,
Të qartë,
Të lartë,
Të thellë.
Shikoj pemët që zgjaten drejt yjesh".

Kurrë s'kishte fluturuar ndonjëherë,
Që ta doja më shumë e më shumë,
Ajo,
Shpesh e më shpesh, ma thoshte...!
Po unë nuk e dija
Se ajo nuk kishte fluturuar ndonjëherë.

Çdo shtator

Po marrë në shpirt këtë brisk hëne
Këtë brisk hëne therës në shtator,
Se vura në makinë valixhen plumb të nisjes,
Ky brisk hëne më preu në kraharor.

Lamtumirë, desha t'u thosha, lamtumirë,
Këtu, orëve që shkojnë e njerëzve që vijnë,
Në brigje të tjerë më s'do t'u shoh
Dhe s'do ulemi bashke një kafe të pimë.

Kjo hënë shtatori si brisk më kërcënon,
Më kërcënon ky përrua, kjo bjeshkë
Edhe në gjuhen etruske më thotë: "mos ik!"
Ndrydhem në hapësirë dhe në kohë,
Breg i vogël bëhem, bëhem rërë e imët.

Bëhem i heshtur, gur bëhem i tërë,
Bëhem ishull i shkretuar, i mjerë,
Herë humb, herë shfaqet, herë loton,
Një hënë, një përrua, një bjeshkë,
Përherë te mua çdo shtator...

_____ SIÇ MË THE TI _____

Deti i mesologjit*

Deti i Mesologjit ka vetëm qetësi,
Deti i Mesologjit është i gjithi si ti,
Deti i Mesologjit ka vetëm vetmi,
E vetminë e tij kanë sytë e mi.

Anijet dhe varkat vozitin ngadalë,
Anijet dhe varkat kthehen dhe shkojnë,
Anijet dhe varkat këtu, në Mesologj,
Kur shkojnë e kur kthehen më copëtojnë.

Pastaj vjen mbrëmja përjodur me jod,
Pastaj vjen mbrëmja dhe detin mbulon.
Mbulon të tëra rrugët, çdo gjë në Mesologj,
Kush të mbulon ty sonte Childe Harold*?

*Qytet i vogël grek ku ka vdekur poeti anglez,
Baroni.
*Çail Harold - personazh i këngëve të tij gjatë
udhëtimit nëpër Ballkan.

Në ulqin

Derën s'dua t'ma hap kapedani Uruç.
Derë e tij e turpshme ngeli historisë,
Pushtues i Ulqinit me dyzet llapushë,
Pirat i Adriatikut me katërqind hajdutë.

Dhe Lordi Baron edhe Bernard Shou,
Erdhën, u magjepsen, syri i tyre shkroi...
Tre anët me det, një portë për dashuri,
Ngritur mbi shkrepa dhe mbi tragjedi...

Dhe kishte aq kisha dhe aq mirësi,
Sa ditë kishte viti aq kisha kish ai.
Dhe Lordi Baron edhe Bernard Shou,
Edhe Servantesi Don Kishotin shkroi.

SIÇ MË THE TI

Dhe bletë kishte shumë, ullinj të pafund,
Herë pas here deti bregun bënte shkumë.
Dhe Liqeni i Shasit me peshq e zogj uji,
Asgjë s'ka ndryshuar, prapë si dikur...

Ah, bajlozët e detit gjëmojnë si gjithnjë,
Servantesi po shkruan Don Kishot të ri.
Ah, bajlozët e detit dhe një Uruç Ali...*
Ah, Dylqinjë e gjorë prapë shkon e vjen ti!...

*Uruç Ali - komandant i katërqind kusarëve, plaçkitës
të detit Adriatik
në kohen e Perandorisë otomane.*

Kemi qënë bashkë

Kemi qenë bashkë
Dhe kemi folur shumë mbrëmje mbi bar,
E bari shumë mbrëmje ka folur me ne,
Kemi fishkëllyer në këtë lëndinë
E lëndina fishkëllente me ne,
Dhe peme kemi mbjellë në këtë lëndinë
Dhe pemët u rriten bashkë me ne.
I riemëruam të gjithë yjet
Dhe yjet dhanë zjarrin e tyre për ne,
Tani do t'i harrosh të gjitha:
...Barin, lumin, pemët, yjet...
Si një luledielli,
Kush e di?
Ndoshta një ditë do të rikthehesh
Të më thërrasësh prapë...
                              në emër.
Ose të më pyesësh: -Si je?

_____ SIÇ MË THE TI _____

Ne jemi tre shokë

Ne jemi tre shokë
Dhe mbrëmjeve të verës
Bie një kitarë.

Ne jemi tre shokë,
Njëri tregon për një vajzë.
Bie një kitarë...

Ne jemi fare të rinj
Dhe njëri nga ne
E ka gjetur vajzën...

E ka gjetur vajzën
Dhe me vajzën e kitarës
Ne u bëmë katër.

Më shumë se katër...
Dhe me vajzën e kitarës,
Mbrëmjeve të verës
Bie një kitare.

Flas me valët

Shkon kjo botë, shkon çdo ditë,
Si ora e murit, aritmetikë,
Si ora e murit që nuk e duan hiç,
Shkon kjo botë e dinë të gjithë.

Ti më telefonon përditë,
Përditë më shkruan ëmbëlsisht,
Ta dish, se pa ty, si më kalon një ditë,
Më mirë të tretëm, ti mos ta dish.

Të mençur s'janë të gjithë,
As të marrë...jo të gjithë kanë frikë,
Atë çka duhet, por, e dinë të gjithë
Guximin tënd, pra, që ti të vish...!

Te bregu dal pothuaj përditë,
Përditë përcjellë valët drejt teje...
Nga një mijë valë e një mijë fjalë,
Prej tyre, barkë le të bëhej një!...

_____ SIÇ MË THE TI _____

Zëri i fëmijërisë së tyre

(kushtuar fëmijëve të mi)

Tani është larg zëri i tyre,
Ëndrra e tyre,
Rrugicat e tyre,
Zemra e tyre,
Lodrat e tyre.

Era fishkëllen e grishtë
Midis palmave në oborr,
Janë zhdukur mëllenjat...
Qyteti i ëndrrave duket bosh,
Bosh shtëpia ime,
Dhoma ime.
Shtretërit e tyre ngjajnë
Me një mal
Telëzuar me akull.

Kushedi
Sa e sa ditë do t'u duhen?
Sa e sa gjëra për t'u kujtuar?
Sa e sa lule për të mbjell?
Sa e sa ujë për të notuar?
Për të rimarrë sytë e mi
Nga kjo botë tyre
Tej e tej e gjatë.

Për të qenë ti e epërme

Për të qenë ti e epërme
Rrotullohem vetes, në qetësinë e ajrit.
Hyj e dal nga sytë me dyer drite,
Dhe dua që ti të më ndjesh këtë orë.

Rrotullohem mendimeve të trembura e të lodhura,
E ndjehem pa ty kot.
Pa ty mbyllem në mosdije
E në natën kuadrate bosh.

Rrotullohem midis lulesh mjaltëdhënëse
Mjaltëzohem,
Kërkoj emrin tënd në këtë botë.
Rrotullohem mes reve,
Me flokët e borës mbulohem,
Bëhem orteku jot.

Rrotullohem mes shirave e yjeve,
Me njerëzit zgjohem,
Bëhem për ty aurorë e bortë.

Hidhem të pilotojë anije detit të marrosur,
Nata është e madhe, po jo më e madhe se toka,
Ku zëri i marinarit ka më shumë nxehtësi se dielli,

SIÇ MË THE TI

Kjo e rëndësishme për zërin e tim mes të detit
Dhe shpresës së heshtur të më presish,
Të më presësh ti në çdo mol!

Rrotullohem në shtratin e ftohtë të hënës,
Bëhem kosë që pret barin e hollë.
Bëhem flakë dhe flas numrat e yjeve që me ty flasin,
Të flasim bashkë.

Rrotullohem në kohë semaforësh dhe gjetjesh,
Shuaj trishtimin në sipërfaqe të vdekura,
Epëm nga zgjimi i ajrit që ti epesh,
Siç epet gjithçka në botë.

Në dritare të ngrysura semaforësh të programua,
Kjo do të ishte e kotë.
Shëtis sheshet e vesitur me mendimet fluturuese
Me koka të gjatë lejlekëve në ikje
Qyteteve të stolisur me statuja dhe sy të gjallë
Djegur në ngjyra duarshtrënguar gjithkund.

Për të mos qenë i epshëm,
Rrotullohem vetes nga mua në qetësinë e ajrit të nesërm,
Për të qenë ti kështu e çuditshme,
Kështu e afërt dhe e epërme.

Në venecia

Në qytet dhe në det njëherësh.
Rrugët e tua prej deti,
Prej deti shtëpitë e tua,
Portat, dritaret,
Prej valësh perdet;
Prej dallgësh sytë,
Hapat dhe ëndrrat.

Pëllumbat si zambakë të qeshur
Më bëjnë të mirëpritur,
Në këtë qytet që ngjan si një traget,
Më i madhi dhe më i preferuari i botës.
Nuk e di kurrë kur do të niset,
Nuk e di kurrë që kur është ankoruar.

Mijëra që përshëndesin e zbresin,
Mijëra që ndahen dhe shkojnë.
Një far i njohur që fiket,
Një far i panjohur që ndizet...

Sa e sa të porsaardhur,
Sa e sa të porsa ikur,
Bukur...dimër...
Dhe pranverë bashkë..

_____ SIÇ MË THE TI _____

Iliadën lexoi përsëri

Eja më mua të lahesh në përrua,
Lëre, mos shfleto Iliadën!
Do të gjesh vetëm heronj të rrëmbyer,
Ose Trojën që ngrihet përmes fjalës.

Vetëm heronj, pa një gjeografi e Trojë,
Po pse s'e the kurrë ku është, Troja o Qorr?
Po heronjtë qysh i pe nëpër Tojë, more Qorr,
Si nuk e pe Trojën ? o Homer, o horr!

Ah, more Horr, sa qorra që jemi,
Që s'dimë të shfletojmë Iliadën dhe ty,
Si atëherë kur Troja u bë zjarr e hi
Prej Iliadës tënde, Troja ngrihet përsëri.

Kur luanim shatorre

Kur ishim të vegjël dhe luanim shatorre,
Ai fitonte gjithmonë.
Nga smira që kishim e tallnim dhe i thoshim "qorr".
Po emri i tij ishte Tomor.

Po ai fitonte gjithmonë se me një gurë,
Po dy shatorre rrezonte gjithmonë.
Dhe të tre njëherësh e qëllonim ne të tjerët,
Me guralecë të vegjël
Dhe i thoshim për inat Tomer.

Ai shkelte njërin sy dhe prapë qëllonte
Po dy shatorre njëherësh.
Ja grisnim emrin e ja copëtonim,
I thoshim prapë "qorr dhe horr".

Po ai dy sytë i mbyllte duke qeshur
Po dy shatorre me një gur qëllonte
Thoshte se quhej Tomor.
Nga inati ç'tjetër t'i bënim,
Veçse duke e përqeshur: "Qorr dhe horr".

_____ SIÇ MË THE TI _____

Takova një vajzë

Takova një vajzë dhe desha t'i flisja
Asaj,
T'i flisja për qytetin,
Për hapat e njerëzve
Ndërtimin e rrugëve
Aristotelin...

Ajo më tregonte kambanën e madhe të qytetit
Dhe bustet.
Nga duart e mia mori lulet
Dhe ja dha një statuje.
-Homeri është i gjallë, - më tha,
Aksidentalisht prej tyre.

Kur më telefonon nganjëherë,
Andej nga ana tjetër,
Nga janë statujat...
Pse ishte qorr Homeri nuk ma thotë,
Nuk ma thotë
Pse Trojës s'i mbeten as mure.

Ja pse

Që të flasësh me botën që të rrethon
Duhet të hash dy mëngjese,
Dy dreka,
Dy darka.

Ja, pse politikanet janë të dhjamosur
Në zemër,
Në bark
Dhe në kokë.

Ja, pse njerëzit shndërrohen
Të gjithë në politikanë
Pa pasur gjë në kokë.

_____ SIÇ MË THE TI _____

Në gazetën "x"

Në gazetën "X" ka rregulla për të hyrë,
Gratë këmbë -hapura, burrat -çizme lëpish.
Aty hyjnë të gjitha kokat e mëdha të politikës
Kokat e vogla aty s'hyjnë hiç.

Të jesh e madhe si kokë, të hysh në faqet "X".
Jo si një milion koka të vogla
Që hyjnë përditë atje ku duhet hyrë,
Dhe lindin kështu bijtë e energjisë.

Raporti i kokës së madhe me të voglën,
Ose Romeo e Xhuljeta në shekspir,
Nuk gjendet fare në x faqet e gazetës
Me këmbë të hapura dhe çizme lëpijsh.

Në faqet e gazetës "X" hyjnë të gjitha datat,
Vitet, shekujt, kapitujt e leshtë historikë,
Por jo shtatë miliard koka të vogla
Që janë bijët e arsyes dhe energjisë.

Kohë migjeni

Është kohe migjeni,
Pr ju nuk e bësoni,
këtë kohë me syze dhe taka të larta,
Me tramë të mbushur
Dhe sy të shpejtë.
Është kohë brehti dhe kohë
Me gisht majtas dhe djathtas
Dhe një anash
Dhe një në mes.
Nuk është kohë dritëroi me komunistë
Dhe ikje kadaresh.
Është kohë migjeni,
Dhe jo kohë shileri,
Pa gishta majtas dhe djathtas
Po drejtë.
Është kohë migjeni,
Tramët e mbushur me vajza lasgushi
Me sy të bukur nën syze të zezë.

_____ SIÇ MË THE TI _____

Burri prej bore

Mos më flisni më
Mos më flisni!
Mos i flisni barit tim,
Gurit tim mos i flisni,
Mos i flisni shkopit tim.
Dhe pse prapë bie borë,
Dhe pse prapë qajnë urat,
Pse prapë flasin ujërat.
Dhe pse prapë është e njëjta gjë,
Kasolle me kashtë
Dhe oborre me jargevanë.
Pastaj...
Pastaj më lini të gjithë,
E të gjithin në harrim.

Po thinjen brigjet

(brezit tim)

Ishte një kohë kur u dallgëzuam,
Kur të gënjyer ngritëm grushtet lart.
Ata që na gënjyen, të gënjyer,
U bënë qiparisa të për vrarë.

Atëherë kur lindën gënjeshtarët,
Të gënjyerit, sigurisht, që qenë të marrë,
Po mua, që më mësuan gënjeshtarët,
Ju betohem që s'pata faj.

... Se mikun tim e dënuam
Turmat dhe unë më pastaj.
Qe pranverë, natyrë e lajthitur,
Qe pranverë me blerim të paskaja.

Ia mbështollën kurmin dhe duart.
(Ju i keni parë qiparisat hijevrarë...),
Por mua që më mësuan të gënjyerit,
Ju betohem që s'kisha faj!

SIÇ MË THE TI

Ai heshti dhe lozte me yjet
Dhe me lot yjesh më pyeste:" -Pse?"
Unë zgjatesha, ta pështyja,
Po s'arrita kurrë gjer atje.

Kaluan kohë dhe prapë u dallgëzuam,
Prapë të gënjyer ngritem grushtet lartë.
Dhe s'lamë kufij pa ju udhëzuar,
Me këmbë, me avion, me varkë.

Kështu prapë mikun tim e denuam
E lamë pa punë, pa bukë, pa prag.
Dy kontinente e ca më larg e çuam
Në një qiell tjetër e plasëm, plas!

Po mua që më gënjyen të gënjyerit,
Ju betohem që s'kam aq faj.
Qe la i ziu babë e nënë vetmuar
Qe la i ziu at' çikë zemër që pat.

Ai hesht dhe loz prapë me yjet,
Me yjet me vjen mendja vërdallë.
Jam i bindur se dallgëzimeve të tjera,
Ne mund ta plasim për në Mars.

Se është një kohë kur tallazohet,
Një kohë e vjetër me emrin plakë.
Jetojmë dhe na mësojnë gënjeshtarët,
Dhe ne të nderuar ngremë grushtet lartë.

Komiti

Dyzet dite e dyzet net në errësirë,
Dyzet ditë e dyzet net në torturë,
Dyzet herë e lidhen me zinxhirë,
Dyzet herë e vunë në torturë...

S'e dinte kur e gjuanin, kur gdhihej s'e dinte,
Vargonjtë bënin plagë në këmbë dhe në duar.
Nga dhembjet e forta nuk mund të flinte,
Por, torturë ishte dhe të rrinte zgjuar.

Pastaj erdhi çasti kur mbaroi gjithçka,
Trokëlliti dera e hekurt e bodrumit,
Dera e ndryshkur e burgut në kala,
Ku hidhte hapat e fundit drejt fundit.

SIÇ MË THE TI

Komiti s'ndjente më pranga në duar,
Komiti s'ndjente më pranga në këmbë,
U mbush me ajër, në gjoks u zgjerua,
U mbush me ajër dhe zuri një këngë...

Komit, komit, një gojë, një këngë...
Dhe kënga e tij që s'kishte fund...
Shfryn pashai, ha veten me dhëmbë,
-Ç'është kështu që s'më bie në gjunjë?!

-Pasha s'më tremb, pasha s'më lidh,
Unë jam fis me shqiponjat dhe retë,
Unë jam fis me diellin, stuhitë
Me malet që kryet mbajnë përpjetë.

Komit, komit, një gojë, një këngë,
Jam unë në këtë tokë e në këtë qiell...
I hiqni, syzet e trasha, po sterrë,
Po deshët të rroni, o bëni prapë sherr.

Ditët me ty

(kushtuar Mimozës)

Ditët e përjetuara me ty-
Poezi të bukura,
Që së pari i botova në sytë e tu.
Kështu është dashuria,
Kështu do jetë dashuria,
Më e bukura poezi,
Nga poezitë e bukura
Poezia je ti.

Pasqyra

Parathënie 5
Atdheu 8
Ky është qielli 9
Siç më the ti 10
Se bie një borë 13
Kush qan 14
Sheqerka e bukur 15
Ti je energjia 16
Mjerë unë 17
Më dridhet zemra ta mendoj 18
Zgjatma dorën... 19
Mos më prit më..20
Në park..21
Luhet Shubert 22
Gratë e bukura 23
Ajo më thotë 24
Po ti? 25
Amarada 26
Shaka me një grua qe dua 27

SHEFQET SULMINA

Ka ndodhur me 1 Prill 28
Gruaja, unë,... 29
Tek Sania për lule 30
Pupaci, ti dhe unë 31
Kur do të vish? 32
Omar Akram 33
Për kot 34
Nuk e di 35
Sot 36
Në metro 37
Orët e qumështit ... .38
Gruaja e bukur 39
Çast 40
Nuk erdhi 41
S'ta kam borxh 42
Anna Karenina 43
Nuk jam Lasgushi 44
Ti duhet të kthehesh 45
Se vërtetë u deshëm 46
Kurrë s'kam qenë në Saza 47
S'bie bor 48
Vajzë e borë 49
Eja 50
Moj mike 51
Në kopshtin e fqinjës 53
Dy rrugët e saj 54
Nën çadrën e hënës 55
Do ti 56
Tërë ditën sot që fishkëllej 57

_____ SIÇ MË THE TI _____

Busulla 58
Siç po të them 59
Më, mos fli 60
Më tepër se një kalë 61
Të fitoja e të më doje ti 62
Në postën e letrave 64
Ti për mua 65
Të të bëja një kafe 66
Po pse kaq vonë? 67
Mirupafshim 68
Sa vjeshtë! 69
Mos bëj të qajnë dhe fëmijët 70
Moj Meri, Meri im... 71
Mbrëmje onufri në Shpat 72
Po të duash 73
...Zgjohu Anile...! 74
Ti sonte nuk je 75
Bajlozët dhe dashuria 76
Kastadiva… 77
S'kishte fluturuar ndonjëherë 78
Çdo shtator... 79
Deti i Mesologjit* 80
Në Ulqin 81
Kemi qenë bashkë 83
Ne jemi tre shokë 84
Flas me valët për ty 85
Zëri i tyre i fëmijërisë 86
Për të qënë ti e epërme 87
Në Venecie 88

Iliadën lexoj përsëri 89
Kur luanim shatorre 90
Takova një vajzë 91
Ja pse 92
Ne gazetën "X" 93
Kohe migjeni 94
Burri prej bore 95
Po thinjen brigjet 96
Komiti 98
Ditët e përjetuara me ty 100

www.ingramcontent.com/pod-product-compliance
Lightning Source LLC
Chambersburg PA
CBHW031439210526
45464CB00005B/2262